乐中

My THEMATIC Dictionary

我的图画词典

mc 名创教育

Published by Marshall Cavendish Education
Times Centre, 1 New Industrial Road, Singapore 536196
Customer Service Hotline: (65) 6213 9444
E-mail: tmesales@mceducation.com
Website: www.mceducation.com

初　版　2005年
第二版　2007年
重　印　2013年、2017年

ISBN 978-981-271-930-0

Printed in Malaysia

编者的话

本词典是专门为新加坡的学前儿童和海外初学华文的儿童们编写的。词典的全部819个词汇配有精美的彩色插图，让学生在直观的图画中记忆学习，达到最好的学习效果。

全书词汇归为32个大类，让学生们能够联系日常生活中的各类事物加以学习，培养全方位的认识表达能力。

词典中的词汇全部中英对照，并标注汉语拼音。书后备有英文和拼音两种查字表，方便学生查找。

本书的编写还未能尽善尽美，希望各位老师、家长和学生多提出宝贵意见。

Editor's Word

This dictionary is specially written for beginners in the Chinese language. The 819 frequently used words in the dictionary are exquisitely illustrated with colourful pictures. These pictures serve as mnemonic devices and are useful visual aids to the pupils' learning process.

The dictionary is separated into 32 themes that pupils can easily relate to in their daily lives. These themes help pupils expand their vocabulary comprehensively and develop their ability to express themselves in Chinese.

Each word is accompanied by its English translation and *hanyu pinyin* transcription. Pupils will also find the two types of indexes in both English and Chinese at the end of the dictionary useful when they search for words.

We welcome any comments to help us improve the book in the future.

目录 CONTENT

H
I
Ink
J
K
L
M

U
V
W
X
Y
Z

我的身体 My body
(wǒ de shēn tǐ)

1 头 (tóu)
head

2 头发 (tóu fa)
hair

3 眉毛 (méi mao)
eyebrow

4 眼睛 (yǎn jing)
eye

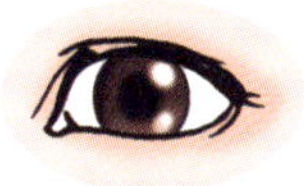

5 眼泪 (yǎn lèi)
tear

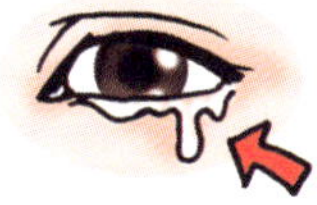

6 眼球 (yǎn qiú)
eyeball

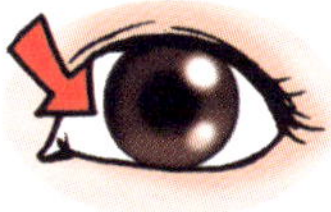

7 睫毛 (jié máo)
eyelashes

8 鼻子 (bí zi)
nose

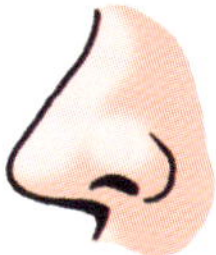

9 鼻孔 (bí kǒng)
nostril

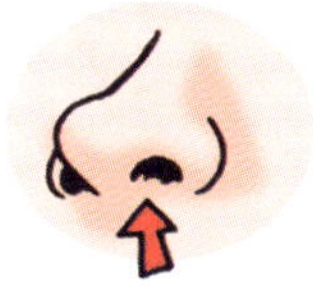

10 嘴 (zuǐ)
mouth

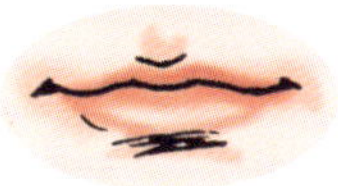

11 嘴唇 (zuǐ chún)
lips

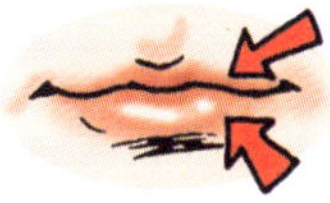

12 牙齿 (yá chǐ)
teeth

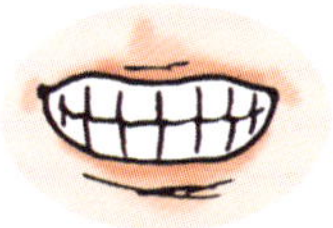

13 舌头 (shé tou)
tongue

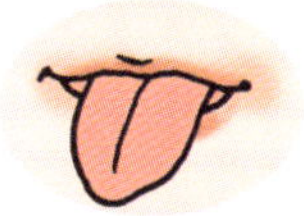

14 脸 (liǎn)
face

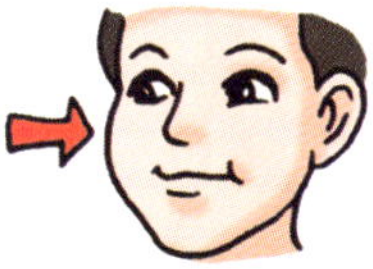

15 耳朵 (ěr duo)
ear

16 颈项 (jǐng xiàng)
neck

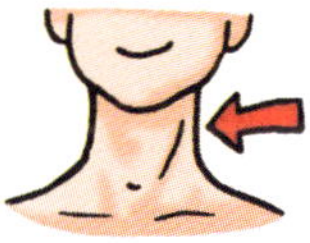

17 肩膀 (jiān bǎng)
shoulder

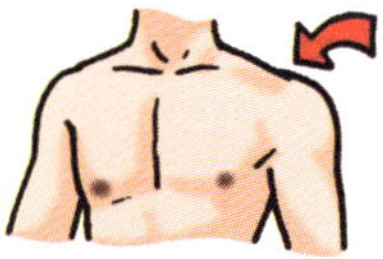

18 手 (shǒu)
hand

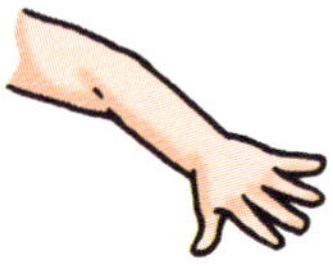

19 手指 (shǒu zhǐ)
finger

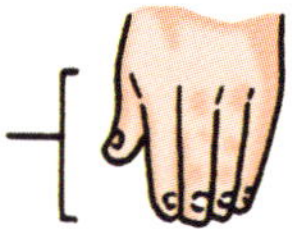

20 拇指 (mǔ zhǐ)
thumb

21 食指 (shí zhǐ)
forefinger

22 中指 (zhōng zhǐ)
middle finger

23 无名指 (wú míng zhǐ)
ring finger

24 小指 (xiǎo zhǐ)
little finger

25 指甲 (zhǐ jia)
fingernail

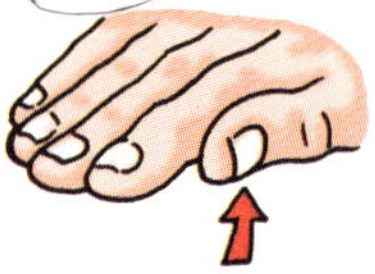

26 脚 (jiǎo)
leg

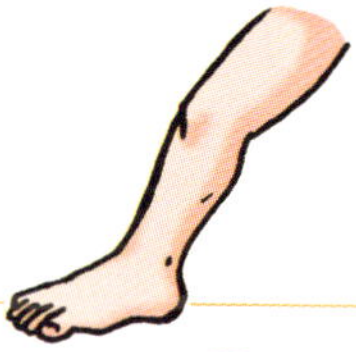

27 脚趾 (jiǎo zhǐ)
toe

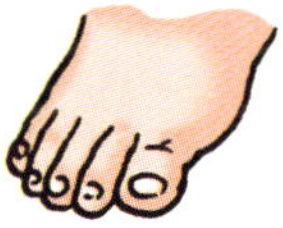

28 膝盖 (xī gài)
knee

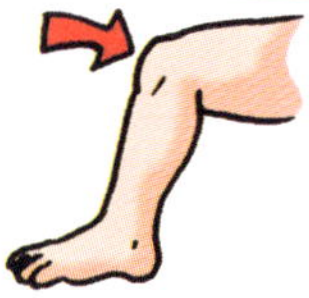

29 腰 (yāo)
waist

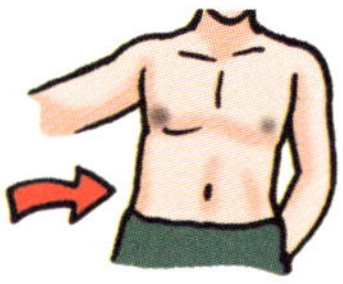

30 肚子 (dù zi)
abdomen

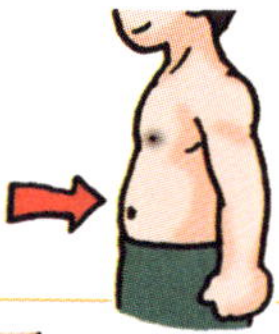

31 身体 (shēn tǐ)
body

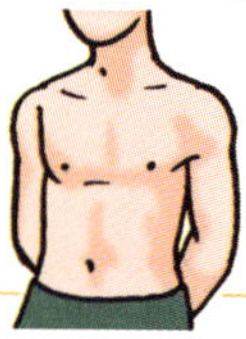

我的家人和亲戚 My family and relatives
(wǒ de jiā rén hé qīn qi)

1 爷爷 (yé ye)
grandfather

2 奶奶 (nǎi nai)
grandmother

3 爸爸 (bà ba)
father

4 妈妈 (mā ma)
mother

5 哥哥 (gē ge)
elder brother

6 姐姐 (jiě jie)
elder sister

7 弟弟 (dì di)
younger brother

8 妹妹 (mèi mei)
younger sister

9 伯父 (bó fù)
uncle [father's elder brother]

10 叔叔 (shū shu)
uncle [father's younger brother]

11 姨妈 (yí mā)
aunt [mother's sister]

12 舅舅 (jiù jiu)
uncle [mother's brother]

我 (wǒ)
I
我们 (wǒ men)
we
你 (nǐ)
you
你们 (nǐ men)
you [plural]
他 (tā)
he
他们 (tā men)
they
她 (tā)
she
男孩 (nán hái)
boy
女孩 (nǚ hái)
girl
儿子 (ér zi)
son
女儿 (nǚ ér)
daughter
大人 (dà rén)
adult
小孩 (xiǎo hái)
children

我家的客厅 My living room
(wǒ jiā de kè tīng)

1 墙壁 (qiáng bì)
wall

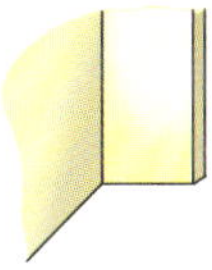

2 灯 (dēng)
lamp

3 挂钟 (guà zhōng)
wall clock

4 花瓶 (huā píng)
vase

5 沙发 (shā fā)
sofa

6 鞋柜 (xié guì)
shoe cabinet

7 电话 (diàn huà)
telephone

8 电视机 (diàn shì jī)
television

9 门 (mén)
door

10 冷气机 (lěng qì jī)
air conditioner

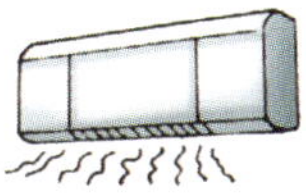

11 风扇 (fēng shàn)
fan

12 橱柜 (chú guì)
cabinet

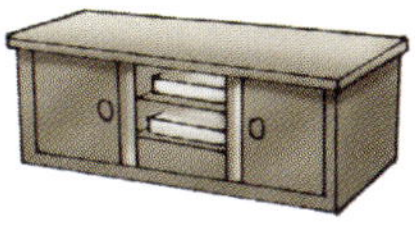

13 窗 (chuāng)
window

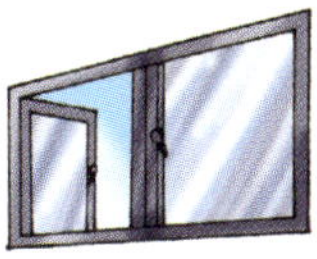

14 窗帘 (chuāng lián)
curtain

15 地板 (dì bǎn)
floor

16 茶几 (chá jī)
coffee table

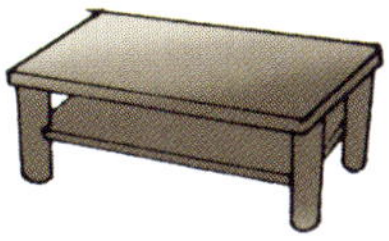

17 地毯 (dì tǎn)
carpet

18 壁灯 (bì dēng)
wall lamp

19 楼梯 (lóu tī)
staircase

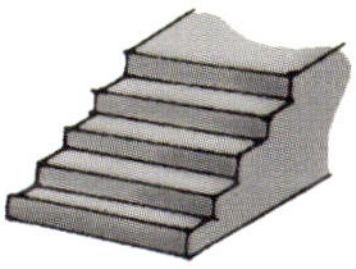

20 电线 (diàn xiàn)
wire

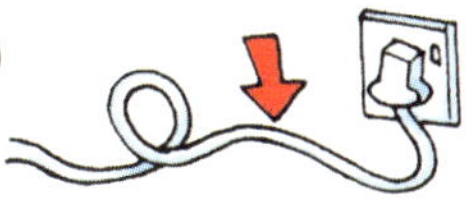

21 鱼缸 (yú gāng)
fish tank

22 照片 (zhào piàn)
photograph

23 图画 (tú huà)
painting

我家的厨房 My kitchen
(wǒ jiā de chú fáng)

1 煤气炉 (méi qì lú)
gas cooker

2 电饭锅 (diàn fàn guō)
rice cooker

3 水壶 (shuǐ hú)
kettle

4 热水瓶 (rè shuǐ píng)
thermos flask

5 微波炉 (wēi bō lú)
microwave oven

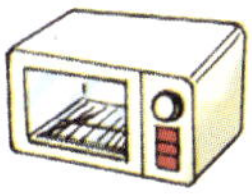

6 烘面包机 (hōng miàn bāo jī)
toaster

7 冰箱 (bīng xiāng)
refrigerator

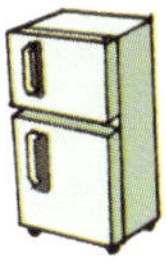

8 吸油机 (xī yóu jī)
cooker hood

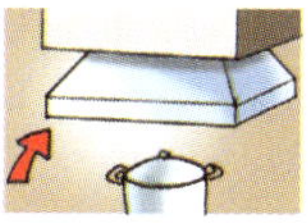

9 洗衣机 (xǐ yī jī)
washing machine

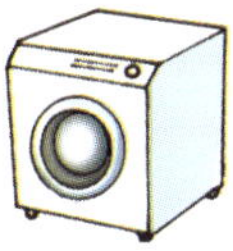

10 洗涤槽 (xǐ dí cáo)
basin

11 桌子 (zhuō zi)
table

12 椅子 (yǐ zi)
chair

13 刀子 (dāo zi)
knife

14 砧板 (zhēn bǎn)
chopping board

15 锅 (guō)
wok

16 锅子 (guō zi)
pot

17 盘子 (pán zi)
plate

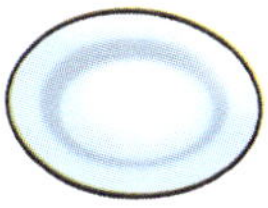

18 碗 (wǎn)
bowl

19 筷子 (kuài zi)
chopsticks

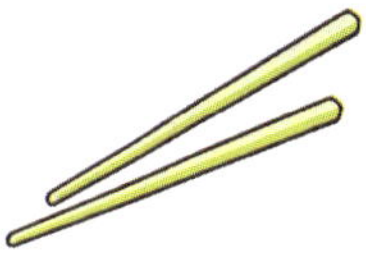

20 汤匙 (tāng chí)
spoon

21 叉 (chā)
fork

22 扫把 (sào bǎ)
broom

23 抹布 (mā bù)
dish cloth

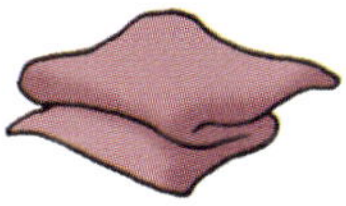

24 拖把 (tuō bǎ)
mop

25 盐 (yán)
salt

26 糖 (táng)
sugar

27 酱青 (jiàng qīng)
light soya sauce

28 酱油 (jiàng yóu)
dark soya sauce

我的睡房 My bedroom

(wǒ de shuì fáng)

1 床头柜 (chuáng tóu guì)
bedside cabinet

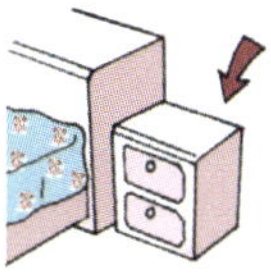

2 台灯 (tái dēng)
table lamp

3 闹钟 (nào zhōng)
alarm clock

4 床 (chuáng)
bed

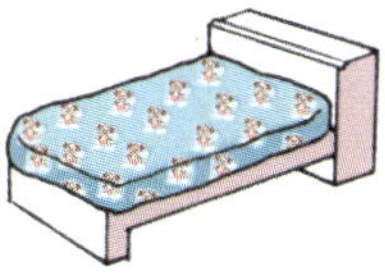

5 床单 (chuáng dān)
bedsheet

6 被单 (bèi dān)
blanket

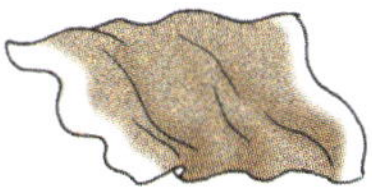

7 枕头 (zhěn tou)
pillow

8 睡衣 (shuì yī)
pyjamas

9 衣橱 (yī chú)
wardrobe

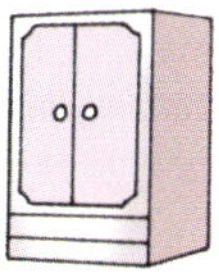

10 衣架 (yī jià)
clothes stand

11 皮箱 (pí xiāng)
leather suitcase

12 镜子 (jìng zi)
mirror

13 梳妆台 (shū zhuāng tái)
dressing table

14 指甲油 (zhǐ jia yóu)
nail polish

15 口红 (kǒu hóng)
lipstick

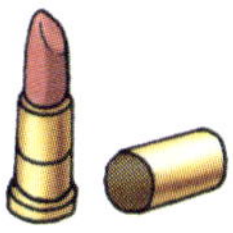

16 粉 (fěn)
powder

17 梳子 (shū zi)
comb

18 香水 (xiāng shuǐ)
perfume

19 凳子 (dèng zi)
stool

20 拖鞋 (tuō xié)
slippers

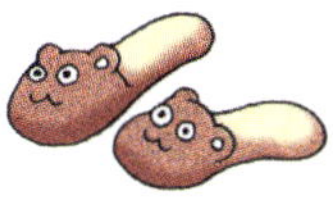

我的浴室 My bathroom

(wǒ de yù shì)

1 浴缸 (yù gāng)
bathtub

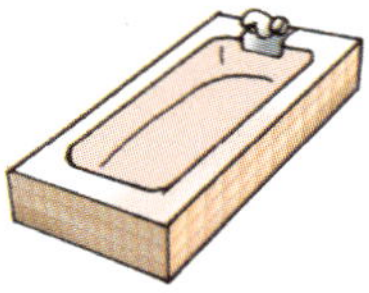

2 毛巾架 (máo jīn jià)
towel rail

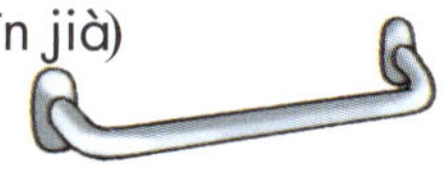

3 毛巾 (máo jīn)
towel

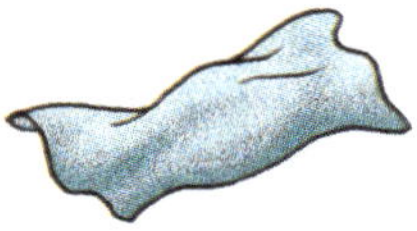

4 浴巾 (yù jīn)
bath towel

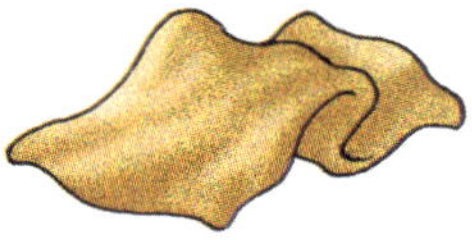

5 浴帽 (yù mào)
shower cap

6 肥皂 (féi zào)
soap

7 沐浴乳 (mù yù rǔ)
shower cream

8 洗发水 (xǐ fà shuǐ)
shampoo

9 热水器 (rè shuǐ qì)
heater

10 花洒 (huā sǎ)
shower head

11 垫子 (diàn zi)
mat

12 洗脸盆 (xǐ liǎn pén)
washbasin

13 牙膏 (yá gāo)
toothpaste

14 牙刷 (yá shuā)
toothbrush

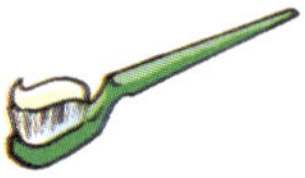

15 漱口杯 (shù kǒu bēi)
mug

16 刮胡刀 (guā hú dāo)
razor

17 抽水马桶
(chōu shuǐ mǎ tǒng)
toilet bowl

18 水箱 (shuǐ xiāng)
water tank

19 卫生纸 (wèi shēng zhǐ)
toilet paper

20 吊柜 (diào guì)
wall cabinet

我的衣物 My clothing
(wǒ de yī wù)

1 上衣 (shàng yī)
shirt

2 纽扣 (niǔ kòu)
button

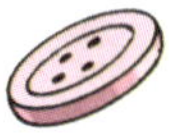

3 袖子 (xiù zi)
sleeve

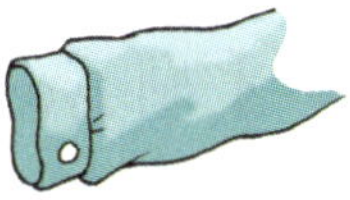

4 领子 (lǐng zi)
collar

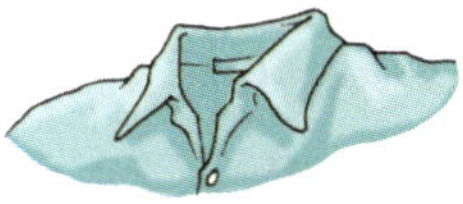

5 短裤 (duǎn kù)
shorts

6 拉链 (lā liàn)
zipper

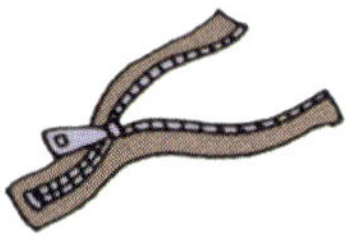

7 长裤 (cháng kù)
trousers

8 裙子 (qún zi)
skirt

9 领带 (lǐng dài)
tie

10 皮带 (pí dài)
belt

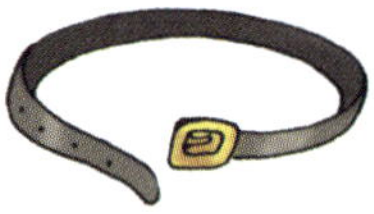

11 毛衣 (máo yī)
woollen sweater

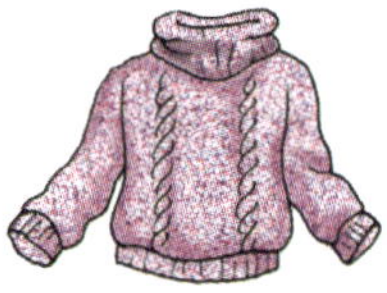

12 背心 (bèi xīn)
singlet

13 外套 (wài tào)
jacket

14 围巾 (wéi jīn)
scarf

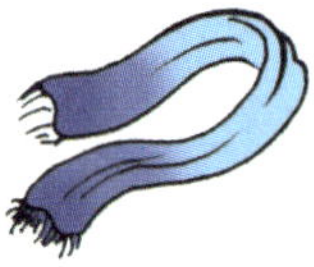

15 手套 (shǒu tào)
gloves

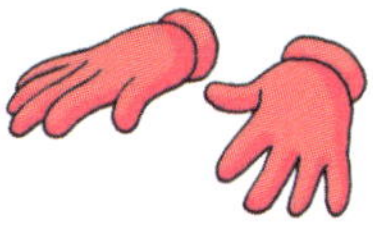

16 袜子 (wà zi)
socks

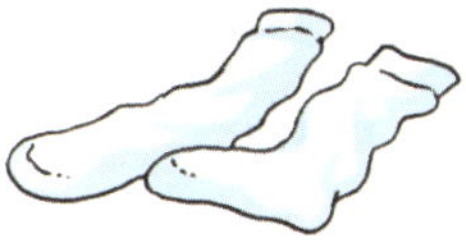

17 皮鞋 (pí xié)
shoes

18 运动鞋 (yùn dòng xié)
sports shoes

19 帽子 (mào zi)
cap

20 皮包 (pí bāo)
handbag

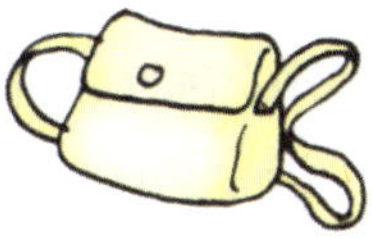

21 眼镜 (yǎn jìng)
spectacles

22 手表 (shǒu biǎo)
watch

23 雨衣 (yǔ yī)
raincoat

24 雨鞋 (yǔ xié)
rain boots

25 校服 (xiào fú)
school uniform

26 泳衣 (yǒng yī)
swimming costume

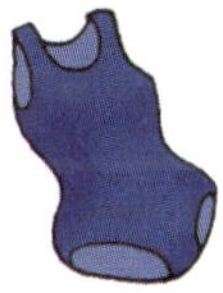

27 泳裤 (yǒng kù)
swimming trunks

28 泳帽 (yǒng mào)
swimming cap

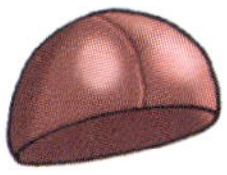

29 潜水镜 (qiǎn shuǐ jìng)
goggles

30 救生圈 (jiù shēng quān)
lifebuoy

书本和文具 Books and stationery
(shū běn hé wén jù)

1 铅笔 (qiān bǐ)
pencil

2 圆珠笔 (yuán zhū bǐ)
ballpoint pen

3 蜡笔 (là bǐ)
crayon

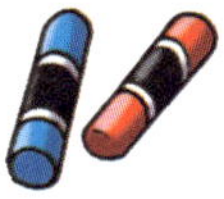

4 钢笔 (gāng bǐ)
fountain pen

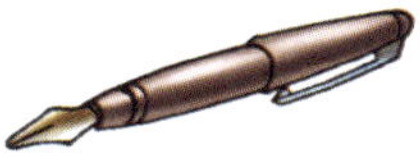

5 笔筒 (bǐ tǒng)
pen holder

6 铅笔盒 (qiān bǐ hé)
pencil box

7 毛笔 (máo bǐ)
ink brush

8 砚台 (yàn tái)
inkstone

9 墨汁 (mò zhī)
ink

10 画笔 (huà bǐ)
painting brush

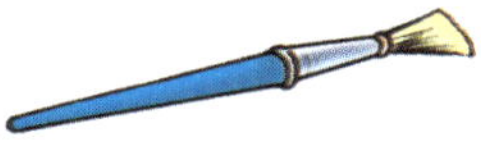

11 彩色笔 (cǎi sè bǐ)
colour pencil

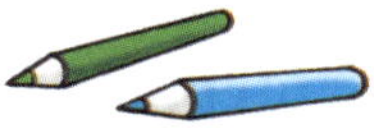

12 水彩 (shuǐ cǎi)
water colours

13 铅笔刀 (qiān bǐ dāo)
pencil knife

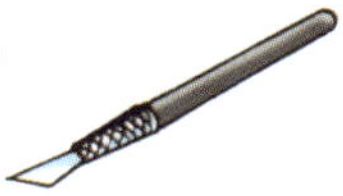

14 剪刀 (jiǎn dāo)
scissors

15 浆糊 (jiàng hu)
glue

16 橡皮擦 (xiàng pí cā)
eraser

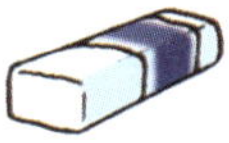

17 尺 (chǐ)
ruler

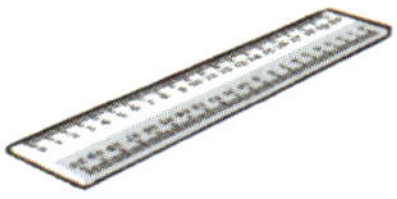

18 胶纸 (jiāo zhǐ)
scotch tape

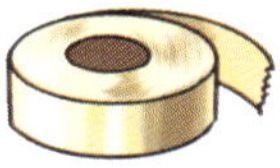

19 纸 (zhǐ)
paper

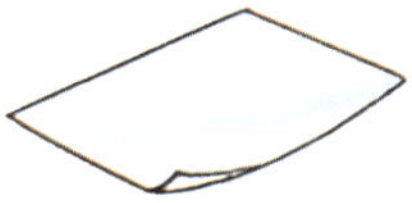

20 报纸 (bào zhǐ)
newspapers

21 信纸 (xìn zhǐ)
letter pad

22 信封 (xìn fēng)
envelope

23 作业本 (zuò yè běn)
workbook

24 簿子 (bù zi)
exercise book

25 课本 (kè běn)
textbook

26 字典 (zì diǎn)
dictionary

27 故事书 (gù shì shū)
storybook

28 漫画书 (màn huà shū)
comic book

29 图画 (tú huà)
drawing

30 书包 (shū bāo)
school bag

31 日记本 (rì jì běn)
diary

32 图钉 (tú dīng)
thumbtack

33 邮票 (yóu piào)
stamp

34 订书机 (dìng shū jī)
stapler

我的玩具 My toys
(wǒ de wán jù)

1 娃娃屋 (wá wa wū)
doll house

2 洋娃娃 (yáng wá wa)
doll

3 积木 (jī mù)
toy bricks

4 木马 (mù mǎ)
rocking horse

5 小喇叭 (xiǎo lǎ ba)
little trumpet

6 玻璃弹珠 (bō li dàn zhū)
marble

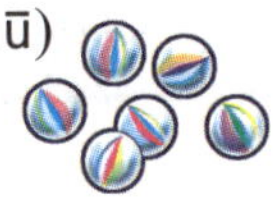

7 陀螺 (tuó luó)
top

8 皮球 (pí qiú)
ball

9 气球 (qì qiú)
balloon

10 玩具熊 (wán jù xióng)
teddy bear

11 象棋 (xiàng qí)
chess

12 风筝 (fēng zheng)
kite

13 机器人 (jī qì rén)
robot

14 玩具车 (wán jù chē)
toy car

15 拼图 (pīn tú)
jigsaw puzzle

16 面具 (miàn jù)
mask

17 万花筒 (wàn huā tǒng)
kaleidoscope

18 扑满 (pū mǎn)
piggy bank

19 不倒翁 (bù dǎo wēng)
tumbler

20 铃铛 (líng dang)
bell

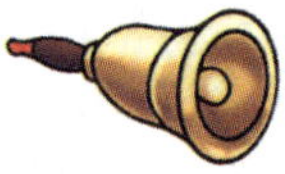

21 风车 (fēng chē)
pinwheel

我的学校 My school
(wǒ de xué xiào)

1 小学 (xiǎo xué)
primary school

2 教室 (jiào shì)
classroom

3 礼堂 (lǐ táng)
school hall

4 讲台 (jiǎng tái)
podium

5 图书馆
(tú shū guǎn)
library

6 美术室
(měi shù shì)
art studio

7 电脑室
(diàn nǎo shì)
computer lab

8 篮球场 (lán qiú chǎng)
basketball court

9 操场 (cāo chǎng)
school field

10 实验室 (shí yàn shì)
laboratory

11 运动场
(yùn dòng chǎng)
sports field

12 食堂 (shí táng)
canteen

13 办公室
(bàn gōng shì)
general office

14 教员室
(jiào yuán shì)
teacher's room

15 校长室
(xiào zhǎng shì)
principal's office

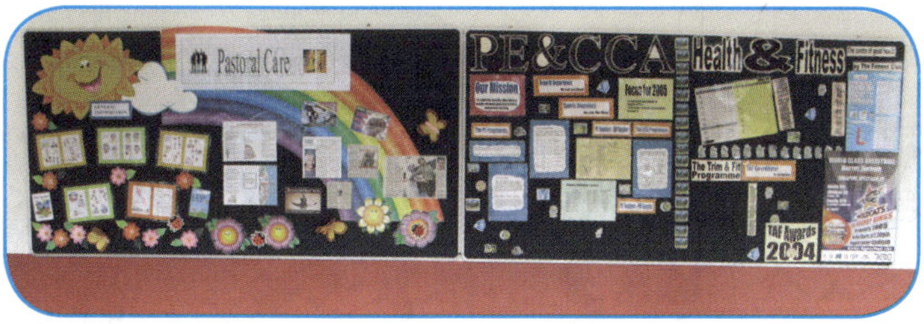

16 布告栏 (bù gào lán)
noticeboard

17 升旗台 (shēng qí tái)
platform
[for flag raising]

18 医务室 (yī wù shì)
sick bay

球类和运动 Sports and games
(qiú lèi hé yùn dòng)

13 韵律操
(yùn lǜ cāo)
rhythmic gymnastics

14 登山
(dēng shān)
mountaineering

15 击剑
(jī jiàn)
fencing

16 铁饼
(tiě bǐng)
discus

17 溜冰
(liū bīng)
ice skating

18 羽毛球
(yǔ máo qiú)
badminton

9 跳绳
(tiào shéng)
skipping rope

20 举重
(jǔ zhòng)
weightlifting

21 划船
(huá chuán)
rowing

22 射击
(shè jī)
shooting

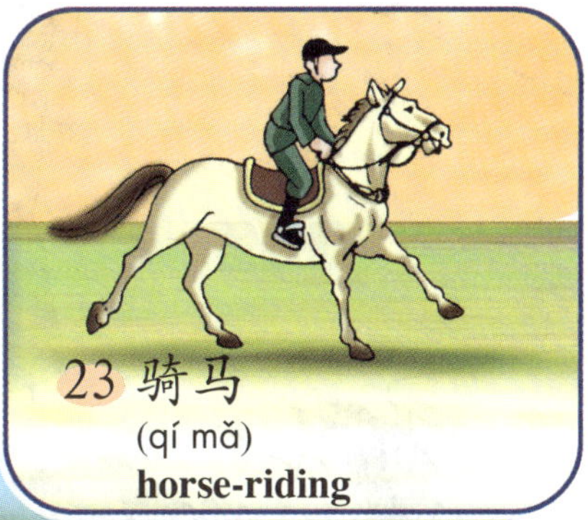

23 骑马
(qí mǎ)
horse-riding

24 棒球
(bàng qiú)
baseball

25 马拉松
(mǎ lā sōng)
marathon

我的教室 My classroom
(wǒ de jiào shì)

1 老师 (lǎo shī)
teacher

2 学生 (xué shēng)
pupil

3 教练 (jiào liàn)
coach

4 白板 (bái bǎn)
whiteboard

5 粉笔 (fěn bǐ)
chalk

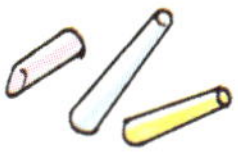

6 板擦 (bǎn cā)
duster

7 桌子 (zhuō zi)
desk

8 椅子 (yǐ zi)
chair

9 成绩单 (chéng jì dān)
academic report

10 地图 (dì tú)
map

11 挂图 (guà tú)
wall chart

12 壁报板 (bì bào bǎn)
noticeboard

13 废纸篓 (fèi zhǐ lǒu)
wastepaper basket

14 文具 (wén jù)
stationery

15 科目 (kē mù)
subject

16 数学 (shù xué)
Mathematics

17 科学 (kē xué)
Science

18 电脑 (diàn nǎo)
computer

19 英文 (yīng wén)
English

20 值日生 (zhí rì shēng)
student on duty

21 同学 (tóng xué)
schoolmate

22 年级 (nián jí)
grade

23 坐位 (zuò wèi)
seat

好玩的地方 Places to have fun

(hǎo wán de dì fāng)

1 旋转轮 (xuán zhuǎn lún)
merry-go-round

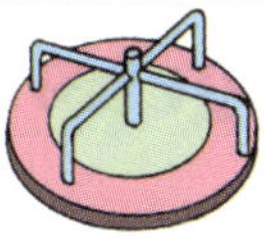

2 攀爬架 (pān pá jià)
jungle gym

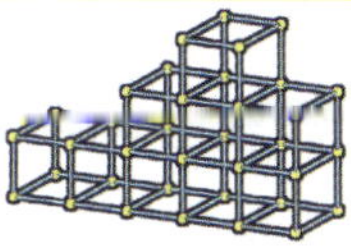

3 秋千 (qiū qiān)
swing

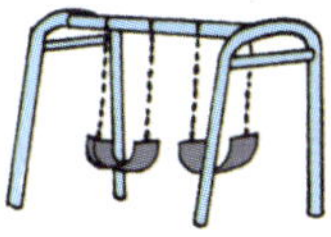

4 滑梯 (huá tī)
slide

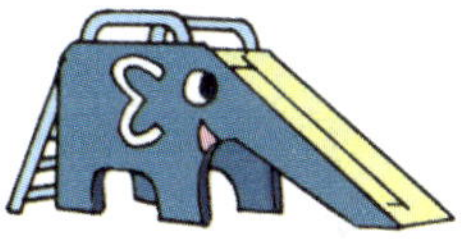

5 跷跷板 (qiāo qiāo bǎn)
see-saw

6 喷水池 (pēn shuǐ chí)
fountain

7 桥 (qiáo)
bridge

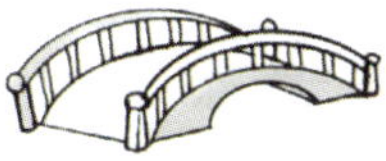

8 长凳 (cháng dèng)
bench

9 花架 (huā jià)
trellis

10 山坡 (shān pō)
hillside

11 滑板 (huá bǎn)
skateboard

12 花坛 (huā tán)
flower bed

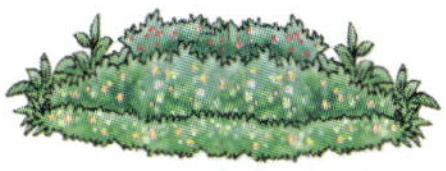

13 草坪 (cǎo píng)
lawn

14 树丛 (shù cóng)
trees and bushes

15 园丁 (yuán dīng)
gardener

16 除草机 (chú cǎo jī)
lawn mower

17 席子 (xí zi)
mat

18 垃圾桶 (lā jī tǒng)
rubbish bin

19 沙滩 (shā tān)
beach

20 贝壳 (bèi ké)
seashell

21 水桶 (shuǐ tǒng)
bucket

22 铲子 (chǎn zi)
spade

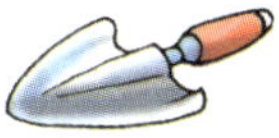

23 阳伞 (yáng sǎn)
parasol

24 墨镜 (mò jìng)
sunglasses

25 堆沙堡 (duī shā bǎo)
building sandcastle

26 冲浪 (chōng làng)
surfing

好吃的蔬菜 Tasty vegetables
(hǎo chī de shū cài)

1 黄瓜 (huáng guā)
cucumber

2 马铃薯 (mǎ líng shǔ)
potato

3 花生 (huā shēng)
peanut

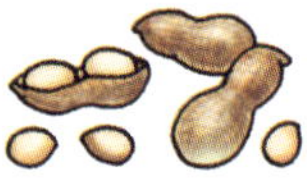

4 白萝卜 (bái luó bo)
radish

5 红萝卜 (hóng luó bo)
carrot

6 花椰菜 (huā yē cài)
cauliflower

7 蕹菜 (wèng cài)
water spinach

8 芦笋 (lú sǔn)
asparagus

9 芹菜 (qín cài)
celery

10 茄子 (qié zi)
eggplant

11 辣椒 (là jiāo)
chilli

12 蒜头 (suàn tóu)
garlic

13 葱 (cōng)
spring onion

14 洋葱 (yáng cōng)
onion

15 青椒 (qīng jiāo)
green pepper

16 南瓜 (nán guā)
pumpkin

17 冬瓜 (dōng guā)
winter melon

18 丝瓜 (sī guā)
towel gourd

19 苦瓜 (kǔ guā)
bitter gourd

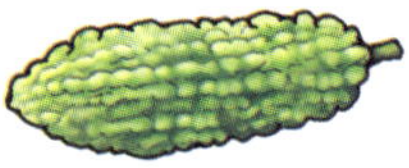

20 豌豆 (wān dòu)
pea

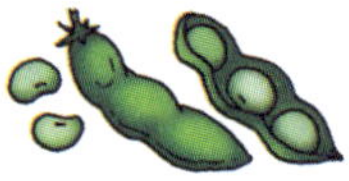

21 蘑菇 (mó gu)
mushroom

22 玉蜀黍 (yù shǔ shǔ)
corn

23 番茄 (fān qié)
tomato

24 菠菜 (bō cài)
spinach

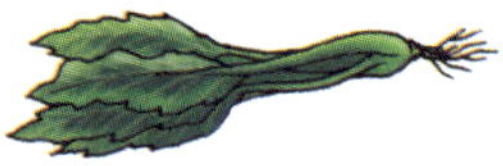

25 包心菜 (bāo xīn cài)
cabbage

26 长豆 (cháng dòu)
long bean

27 豆芽 (dòu yá)
bean sprouts

28 苋菜 (xiàn cài)
amaranth greens

29 葫瓜 (hú guā)
bottle gourd

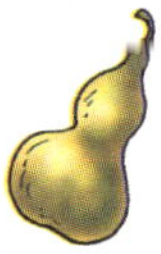

30 小白菜 (xiǎo bái cài)
bok choy

新鲜的水果 Fresh fruits

(xīn xiān de shuǐ guǒ)

1 苹果 (píng guǒ)
apple

2 梨子 (lí zi)
pear

3 橙 (chéng)
orange

4 木瓜 (mù guā)
papaya

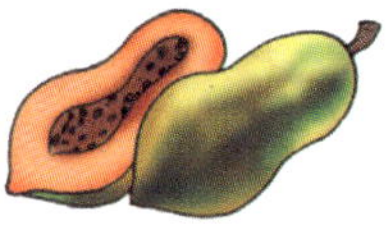

5 香蕉 (xiāng jiāo)
banana

6 山竹 (shān zhú)
mangosteen

7 榴梿 (liú lián)
durian

8 黄梨 (huáng lí)
pineapple

9 柠蒙 (níng méng)
lemon

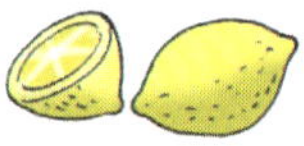

10 杨桃 (yáng táo)
starfruit

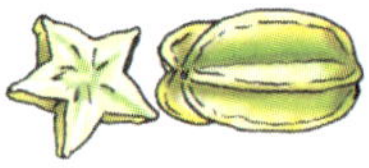

11 桃子 (táo zi)
peach

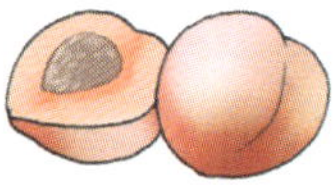

12 葡萄 (pú tao)
grapes

13 荔枝 (lì zhī)
lychee

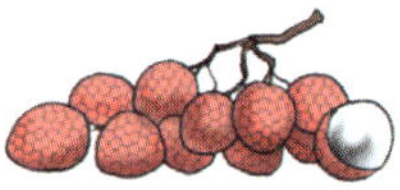

14 龙眼 (lóng yǎn)
longan

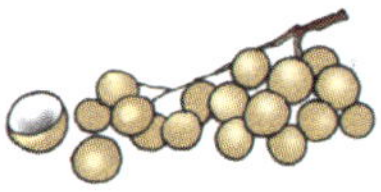

15 红毛丹 (hóng máo dān)
rambutan

16 西瓜 (xī guā)
watermelon

17 哈蜜瓜 (hā mì guā)
honeydew

18 草莓 (cǎo méi)
strawberry

19 樱桃 (yīng táo)
cherry

20 枇杷 (pí pá)
loquat

21 柿子 (shì zi)
persimmon

22 奇异果 (qí yì guǒ)
kiwi fruit

23 石榴 (shí liu)
pomegranate

24 柚子 (yòu zi)
pomelo

25 芒果 (máng guǒ)
mango

27 香瓜 (xiāng guā)
muskmelon

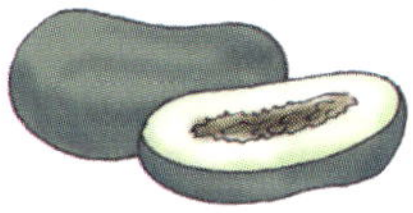

26 椰子 (ye zi)
coconut

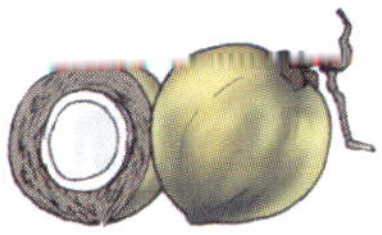

28 李子 (lǐ zi)
plum

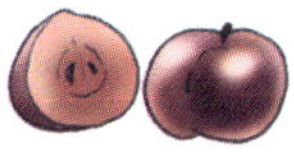

饮料和零食 Drinks and snacks

(yǐn liào hé líng shí)

1 白开水 (bái kāi shuǐ)
water

2 矿泉水 (kuàng quán shuǐ)
mineral water

3 汽水 (qì shuǐ)
soft drink

4 可乐 (kě lè)
cola

5 果汁 (guǒ zhī)
fruit juice

6 可可 (kě kě)
cocoa

7 咖啡 (kā fēi)
coffee

8 茶 (chá)
tea

9 橙汁 (chéng zhī)
orange juice

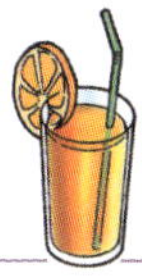

10 椰子水 (yē zi shuǐ)
coconut drink

11 豆浆 (dòu jiāng)
soya bean milk

12 牛奶 (niú nǎi)
milk

13 巧克力 (qiǎo kè lì)
chocolate

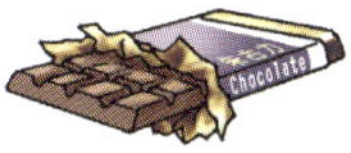

14 雪糕 (xuě gāo)
ice cream

15 瓜子 (guā zǐ)
melon seeds

16 糖果 (táng guǒ)
candy

17 棒棒糖 (bàng bàng táng)
lollipop

18 饼干 (bǐng gān)
biscuit

19 蛋糕 (dàn gāo)
cake

20 冰淇淋 (bīng qí lín)
ice cream

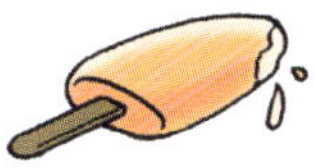

21 玉米花 (yù mǐ huā)
popcorn

22 面包 (miàn bāo)
bread

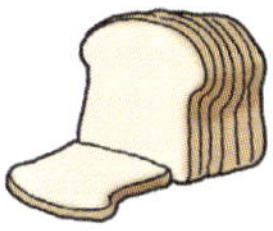

23 果酱 (guǒ jiàng)
jam

24 三明治 (sān míng zhì)
sandwich

25 热狗 (rè gǒu)
hot dog

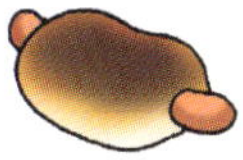

26 汉堡包 (hàn bǎo bāo)
hamburger

27 葡萄干 (pú tao gān)
raisins

28 布丁 (bù dīng)
pudding

美丽的颜色 Beautiful colours

(měi lì de yán sè)

1 红色 (hóng sè)
red

2 橙色 (chéng sè)
orange

3 黄色 (huáng sè)
yellow

4 绿色 (lǜ sè)
green

5 蓝色 (lán sè)
blue

6 紫色 (zǐ sè)
purple

7 粉红色 (fěn hóng sè)
pink

8 褐色 (hè sè)
brown

9 浅蓝色 (qiǎn lán sè)
light blue

10 黑色 (hēi sè)
black

11 灰色 (huī sè)
grey

12 白色 (bái sè)
white

奇妙的形状 Various shapes

(qí miào de xíng zhuàng)

1 正方形

(zhèng fāng xíng)

square

2 三角形

(sān jiǎo xíng)

triangle

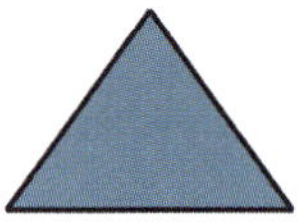

3 长方形
(cháng fāng xíng)
rectangle

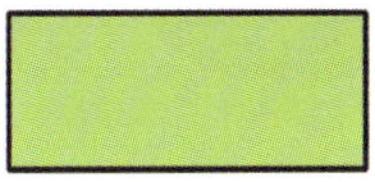

4 圆形
(yuán xíng)
circular/round

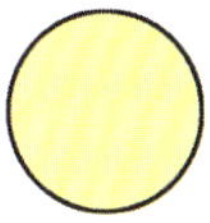

5 菱形
(líng xíng)
diamond/rhombus

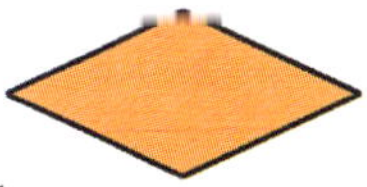

6 心形
(xīn xíng)
heart shape

7 星形
(xīng xíng)
star shape

8 梯形
(tī xíng)
trapezium

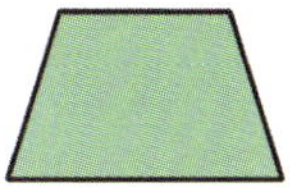

9 圆柱体
(yuán zhù tǐ)
cylinder

10 椭圆形
(tuǒ yuán xíng)
oval

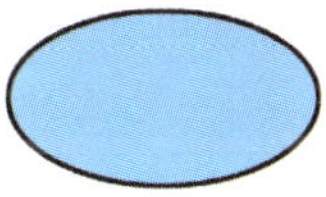

11 正方体
(zhèng fāng tǐ)
cube

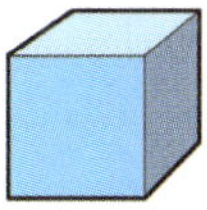

12 长方体
(cháng fāng tǐ)
cuboid

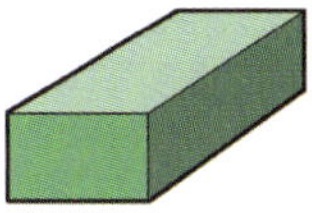

13 角锥体
(jiǎo zhuī tǐ)
pyramid

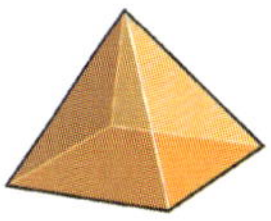

14 圆锥体
(yuán zhuī tǐ)
cone

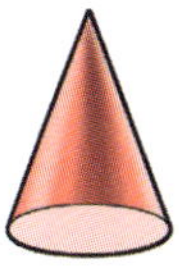

15 球体
(qiú tǐ)
sphere

陆上交通工具 Land transport
(lù shang jiāo tōng gōng jù)

1 行人
(xíng rén)
pedestrian

2 地下通道
(dì xià tōng dào)
underground pass

3 德士站 (dé shì zhàn)
taxi stand

4 天桥 (tiān qiáo)
overhead bridge

5 人行道 (rén xíng dào)
pavement

6 地铁站 (dì tiě zhàn)
MRT station

7 火车 (huǒ chē)
train

8 乘客 (chéng kè)
passenger

9 救护车
(jiù hù chē)
ambulance

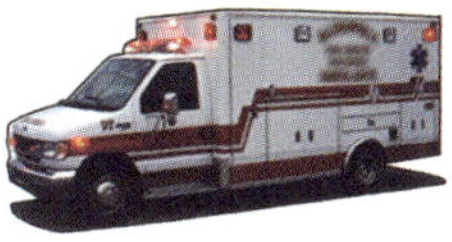

10 德士 (dé shì)
taxi

11 警察车
(jǐng chá chē)
police car

12 校车 (xiào chē)
school bus

13 地铁 (dì tiě)
MRT train

14 军车 (jūn chē)
military vehicle

15 汽车 (qì chē)
car

16 货车 (huò chē)
van

17 坦克车
(tǎn kè chē)
tank

18 消防车
(xiāo fáng chē)
fire engine

19 旅行车 (lǚ xíng chē)
tour bus

20 罗厘车 (luó lí chē)
lorry

21 三轮车 (sān lún chē)
trishaw

22 摩托车 (mó tuō chē)
motorcycle

23 巴士 (bā shì)
bus

24 马车 (mǎ chē)
carriage

25 脚踏车 (jiǎo tà chē)
bicycle

26 交通灯
(jiāo tōng dēng)
traffic light

27 车站 (chē zhàn)
bus stop

28 火车站 (huǒ chē zhàn)
railway station

29 油站 (yóu zhàn)
petrol kiosk

海 上 交 通 工 具 Sea transport
(hǎi shang jiāo tōng gōng jù)

1 海洋 (hǎi yáng)
sea

2 港口
(gǎng kǒu)
harbour

3 码头
(mǎ tóu)
dock

4 渔民
(yú mín)
fisherman

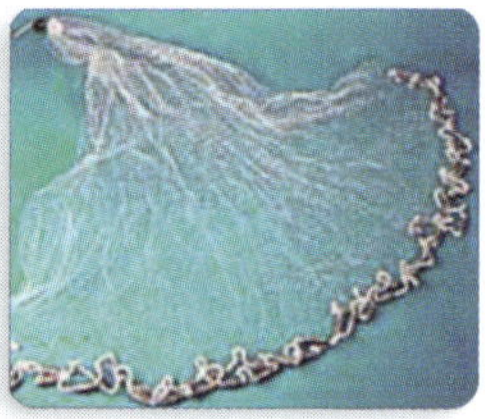

5 渔网
(yú wǎng)
fishing net

6 舵
(duò)
rudder

7 甲板
(jiǎ bǎn)
deck

8 驾驶室
(jià shǐ shì)
wheelhouse

9 桅杆
(wéi gān)
mast

10 渔船 (yú chuán)
fishing boat

11 蓬船
(péng chuán)
covered boat

12 军舰 (jūn jiàn)
warship

13 舢舨 (shān bǎn)
sampan

14 船长 (chuán zhǎng)
captain

15 桨 (jiǎng)
oar

16 锚 (máo)
anchor

17 轮船 (lún chuán)
steamer

18 灯塔 (dēng tǎ)
lighthouse

19 小船 (xiǎo chuán)
boat

20 潜水艇
(qiǎn shuǐ tǐng)
submarine

21 渡轮 (dù lún)
ferry

22 运输船
(yùn shū chuán)
transport carrier

23 油轮 (yóu lún)
oil tanker

24 筏子 (fá zi)
raft

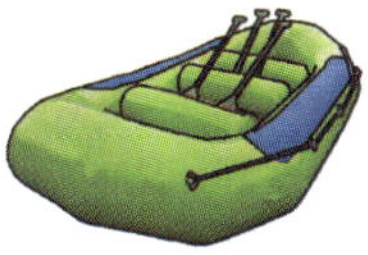

25 摩托艇
(mó tuō tǐng)
motor boat

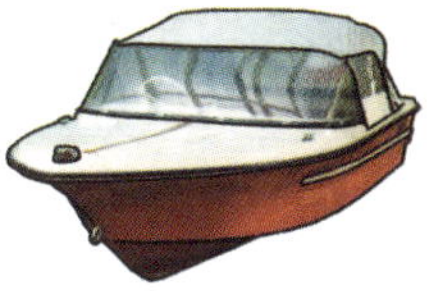

26 游艇 (yóu tǐng)
yatch

27 帆船 (fān chuán)
sailboat

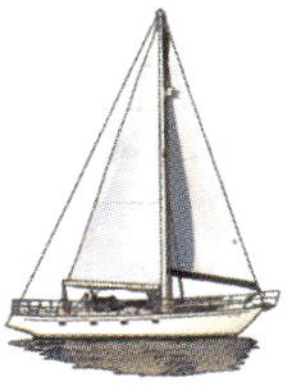

空中交通工具 Air transport
(kōng zhōng jiāo tōng gōng jù)

1 喷射客机
(pēn shè kè jī)
jet airliner

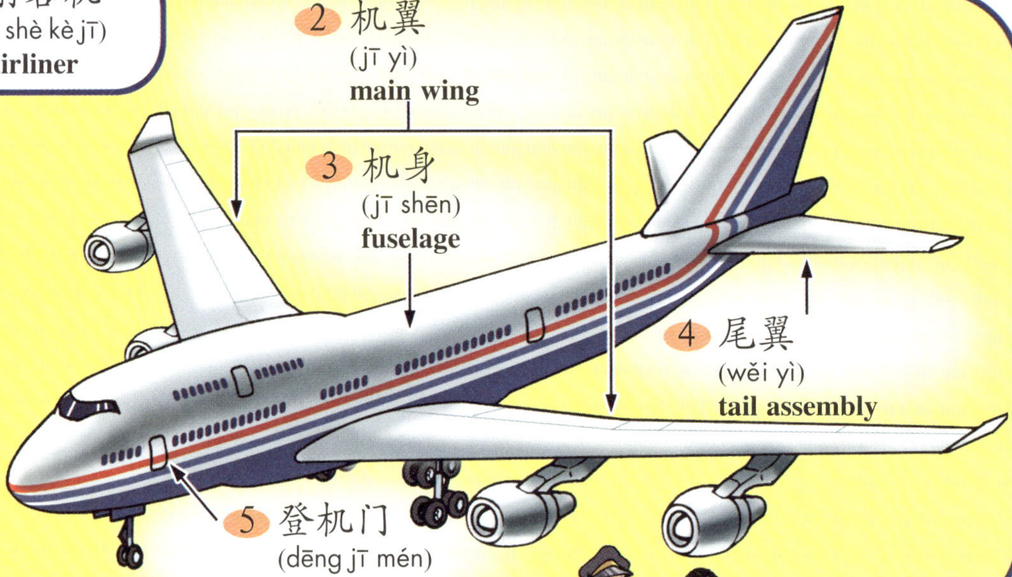

2 机翼
(jī yì)
main wing

3 机身
(jī shēn)
fuselage

4 尾翼
(wěi yì)
tail assembly

5 登机门
(dēng jī mén)
passenger door

6 飞行员
(fēi xíng yuán)
pilot

7 空服员
(kōng fú yuán)
flight attendant

8 机场
(jī chǎng)
airport

9 指挥塔
(zhǐ huī tǎ)
control tower

10 行李
(xíng li)
luggage

11 登机证
(dēng jī zhèng)
boarding pass

12 护照
(hù zhào)
passport

13 人造卫星
(rén zào wèi xīng)
man-made satellite
14 太空梭
(tài kōng suō)
space shuttle
15 火箭
(huǒ jiàn)
rocket
16 客机
(kè jī)
airbus
17 战斗机
(zhàn dòu jī)
fighter plane
18 直升机
(zhí shēng jī)
helicopter
19 热汽球
(rè qì qiú)
hotair balloon
20 双翼机
(shuāng yì jī)
biplane
21 空中缆车
(kōng zhōng lǎn chē)
cable car
22 滑翔机
(huá xiáng jī)
glider
23 螺旋桨
(luó xuán jiǎng)
propellers
24 水上飞机
(shuǐ shang fēi jī)
hydroplane

可爱的动物 Cute animals
(kě ài de dòng wù)

1 猫 (māo)
cat

2 狗 (gǒu)
dog

3 鸡 (jī)
chicken

4 鸭 (yā)
duck

5 天鹅 (tiān é)
swan

6 猪 (zhū)
pig

7 孔雀 (kǒng què)
peacock

8 大象 (dà xiàng)
elephant

9 老虎 (lǎo hǔ)
tiger

10 狮子 (shī zi)
lion

11 熊 (xióng)
bear

12 狼 (láng)
wolf

13 袋鼠 (dài shǔ)
kangaroo

14 长颈鹿 (cháng jǐng lù)
giraffe

15 斑马 (bān mǎ)
zebra

16 猴子 (hóu zi)
monkey

17 大猩猩 (dà xīng xing)
gorilla

18 河马 (hé mǎ)
hippopotamus

19 羊 (yáng)
sheep

20 熊猫 (xióng māo)
panda

21 兔子 (tù zi)
rabbit

22 老鼠 (lǎo shǔ)
rat

23 蛇 (shé)
snake

24 鳄鱼 (è yú)
crocodile

25 牛 (niú)
cow

26 豹 (bào)
leopard

27 松鼠 (sōng shǔ)
squirrel

28 鹿 (lù)
deer

29 乌龟 (wū guī)
tortoise

30 狐狸 (hú li)
fox

花草树木 Plants
(huā cǎo shù mù)

1 树林 (shù lín)
forest

2 树根 (shù gēn)
root

3 树干 (shù gàn)
trunk

4 苹果树 (píng guǒ shù)
apple tree

5 杨桃树 (yáng táo shù)
carambola

6 草 (cǎo)
grass

7 树枝 (shù zhī)
branch

8 椰子树 (yē zi shù)
coconut tree

9 种子 (zhǒng zi)
seed

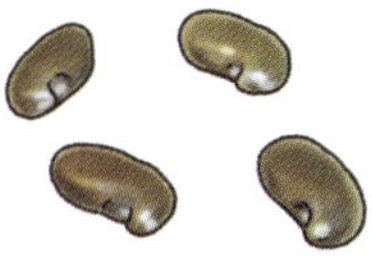

10 芽 (yá)
bud

11 玫瑰花
(méi gui huā)
rose

12 花瓣 (huā bàn)
petal

13 花蕊 (huā ruǐ)
stamen and pistil

14 花粉 (huā fěn)
pollen

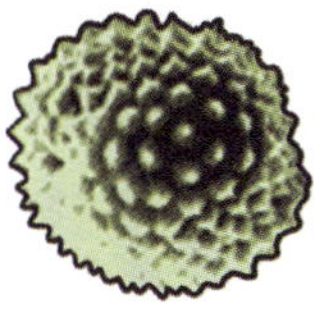

15 茎 (jīng)
stem

16 果子 (guǒ zi)
fruit

17 树叶 (shù yè)
leaf

18 康乃馨
(kāng nǎi xīn)
carnation

19 兰花 (lán huā)
orchid

20 水仙花
(shuǐ xiān huā)
narcissus

21 荷花 (hé huā)
lotus

22 向日葵
(xiàng rì kuí)
sunflower

23 菊花 (jú huā)
chrysanthemum

24 牵牛花 (qiān niú huā)
morning glory

小昆虫 Insects

(xiǎo kūn chóng)

1 触角
(chù jiǎo)
antenna

2 翅膀
(chì bǎng)
wing

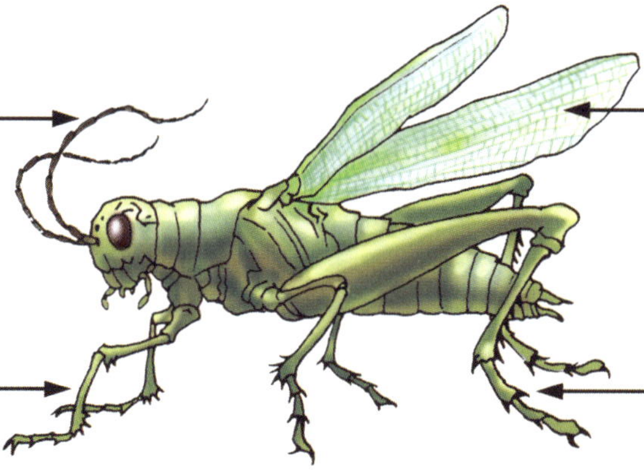

3 前足
(qián zú)
fore leg

4 后足
(hòu zú)
hind leg

5 蝴蝶 (hú dié)
butterfly

6 毛虫 (máo chóng)
caterpillar

7 蜜蜂 (mì fēng)
bee

8 蜂窝 (fēng wō)
honeycomb

9 苍蝇 (cāng ying)
fly

10 蚊子 (wén zi)
mosquito

11 蜘蛛 (zhī zhū)
spider

12 蟑螂 (zhāng láng)
cockroach

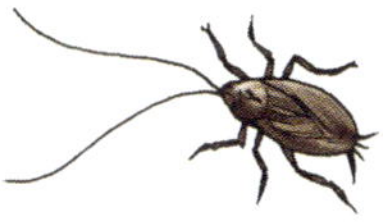

13 蚂蚁 (mǎ yǐ)
ant

14 蜻蜓 (qīng tíng)
dragonfly

15 蛾 (é)
moth

16 蚱蜢 (zhà měng)
grasshopper

17 蝉 (chán)
cicada

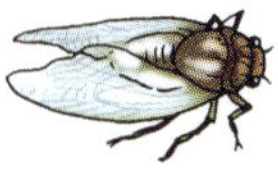

18 独角仙 (dú jiǎo xiān)
unicorn beetle

19 蜈蚣 (wú gōng)
centipede

20 甲虫 (jiǎ chóng)
beatle

21 螳螂 (táng láng)
mantis

22 金龟子 (jīn guī zi)
scarab

23 萤火虫 (yíng huǒ chóng)
firefly

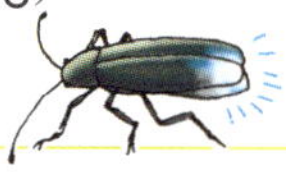

24 蚯蚓 (qiū yǐn)
earthworm

25 纺织娘 (fǎng zhī niáng)
katydid

26 跳蚤 (tiào zǎo)
flea

27 瓢虫 (piáo chóng)
ladybug

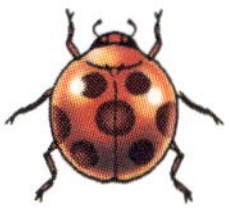

28 天牛 (tiān niú)
longhorned beetle

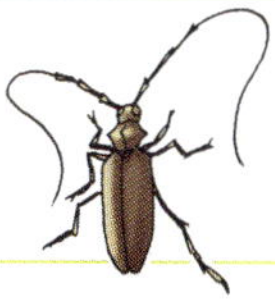

29 蟋蟀 (xī shuài)
cricket

海底世界 Underwater world

(hǎi dǐ shì jiè)

1 海龟 (hǎi guī)
sea turtle

7 海豹 (hǎi bào)
seal

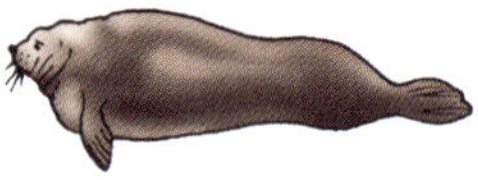

2 飞鱼 (fēi yú)
flying fish

8 虾 (xiā)
shrimp

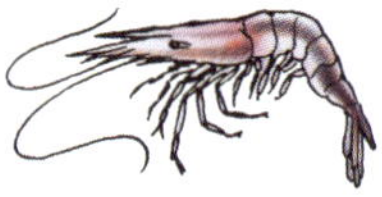

3 比目鱼 (bǐ mù yú)
flounder

9 河豚 (hé tún)
globefish

4 海鳗 (hǎi màn)
conger eel

10 螃蟹 (páng xiè)
crab

5 沙丁鱼 (shā dīng yú)
sardine

11 水母 (shuǐ mǔ)
jellyfish

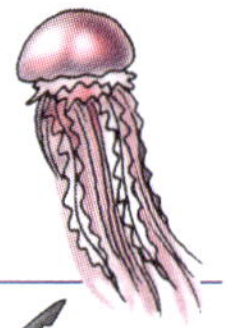

6 鲸鱼 (jīng yú)
whale

12 鲨鱼 (shā yú)
shark

13 鲍鱼 (bào yú)
abalone

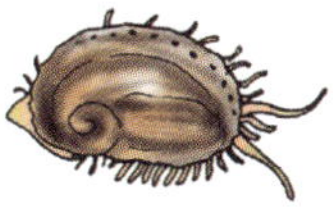

14 八爪鱼 (bā zhuǎ yú)
octopus

15 乌贼 (wū zéi)
cuttlefish

16 海狗 (hǎi gǒu)
fur seal

17 海马 (hǎi mǎ)
sea horse

18 海象 (hǎi xiàng)
walrus

19 海狮 (hǎi shī)
sea lion

20 海葵 (hǎi kuí)
sea anemone

21 海星 (hǎi xīng)
starfish

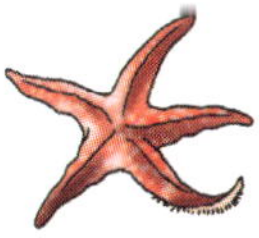

22 蛤蜊 (gé lí)
clam

23 珍珠贝 (zhēn zhū bèi)
pearl mussel

24 珊瑚 (shān hú)
coral

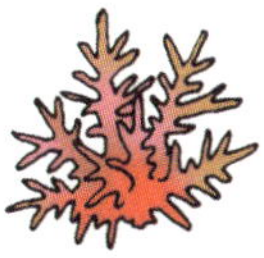

25 海豚 (hǎi tún)
dolphin

26 海螺 (hǎi luó)
whelk

各行各业 Occupations
(gè háng gè yè)

1 老师
(lǎo shī)
teacher

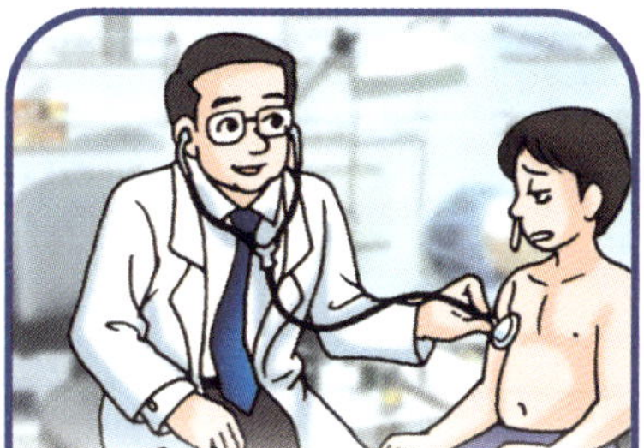
2 医生
(yī shēng)
doctor

3 护士
(hù shi)
nurse

4 建筑工人
(jiàn zhù gōng rén)
construction worker

5 清洁工人
(qīng jié gōng rén)
cleaner

6 会计师
(kuài jì shī)
accountant

7 工程师
(gōng chéng shī)
engineer

8 建筑师
(jiàn zhù shī)
architect

9 消防员
(xiāo fáng yuán)
fireman

10 太空人
(tài kōng rén)
astronaut

11 科学家
(kē xué jiā)
scientist

12 运动员
(yùn dòng yuán)
athlete

13 作家
(zuò jiā)
writer

14 商人
(shāng rén)
businessman

15 律师
(lǜ shī)
lawyer

16 理发师
(lǐ fà shī)
hairdresser

17 军人
(jūn rén)
soldier

18 警察
(jǐng chá)
policeman

19 小贩
(xiǎo fàn)
hawker

20 邮差
(yóu chāi)
postman

21 司机
(sī jī)
driver

22 渔夫
(yú fū)
fisherman

23 农夫
(nóng fū)
farmer

24 木匠
(mù jiàng)
carpenter

25 厨师
(chú shī)
cook

26 画家
(huà jiā)
artist

27 魔术师
(mó shù shī)
magician

28 小丑
(xiǎo chǒu)
clown

数数儿 Let's count

(shǔ shùr)

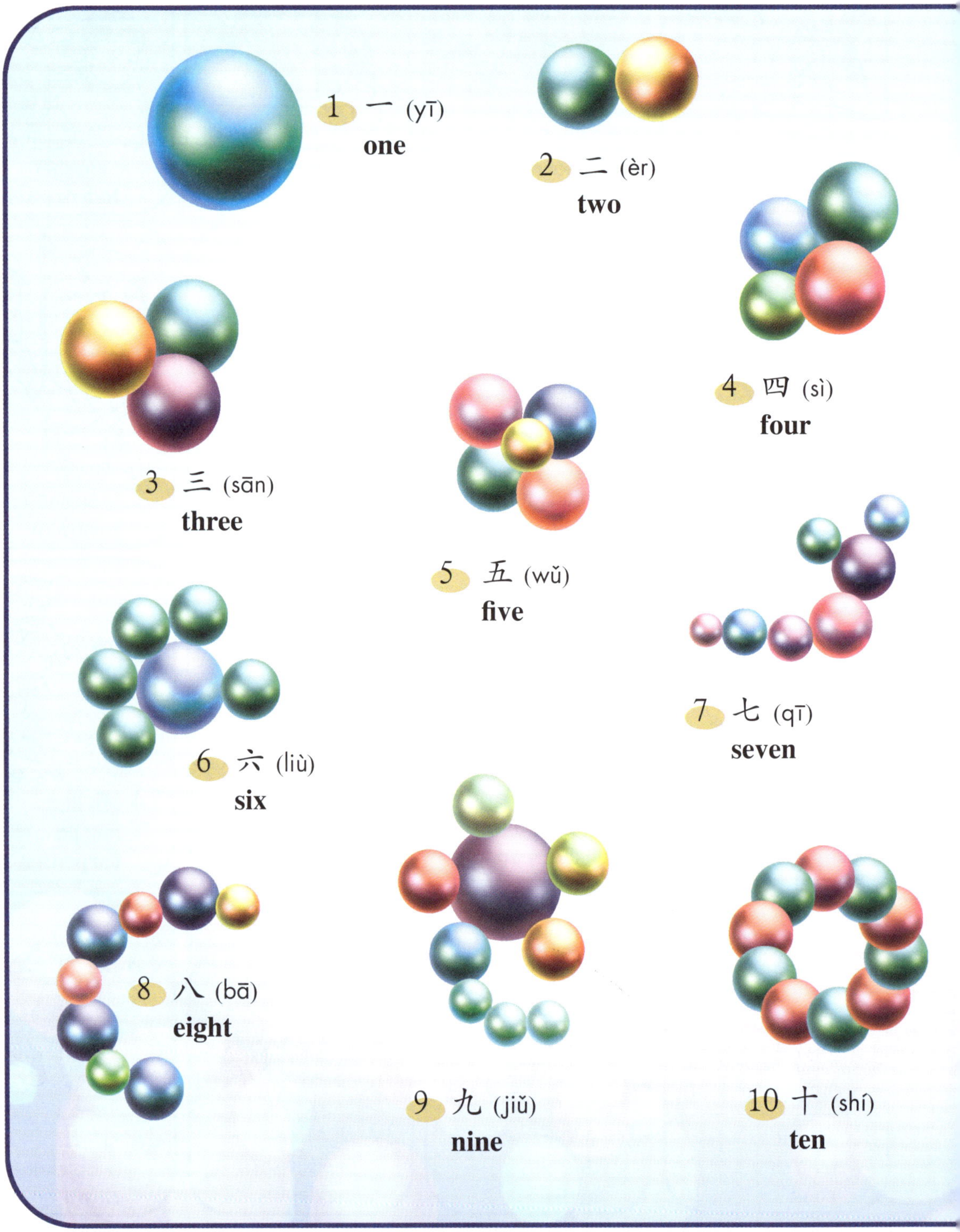

11 十一 (shí yī)
eleven

12 十二 (shí èr)
twelve

13 二十 (èr shí)
twenty

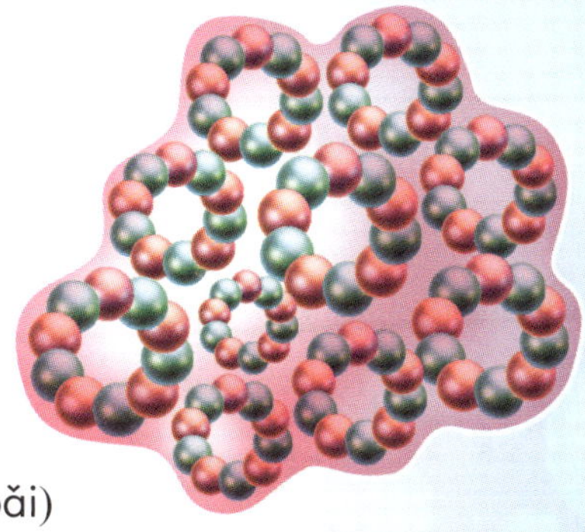

14 一百 (yī bǎi)
one hundred

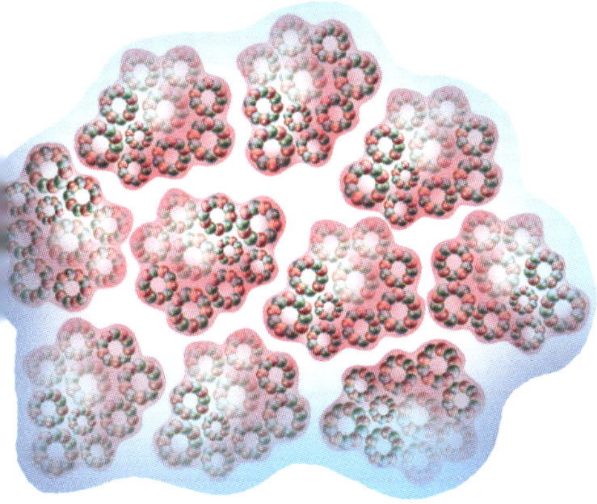

15 一千 (yī qiān)
one thousand

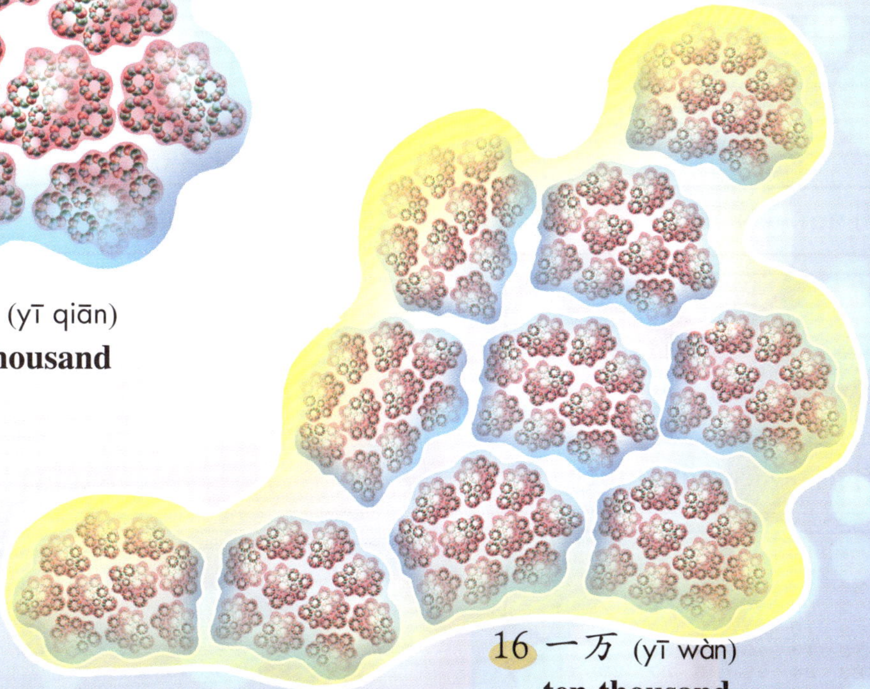

16 一万 (yī wàn)
ten thousand

时间 Time

(shí jiān)

日	一	二	三	四	五	六
			1	2	3	4
5	6	7	8	9	10	11
12	13	14	15	16	17	18
19	20	21	22	23	24	25
26	27	28	29	30	31	

1 一月 (yī yuè) **January**

日	一	二	三	四	五	六
						1
2	3	4	5	6	7	8
9	10	11	12	13	14	15
16	17	18	19	20	21	22
23	24	25	26	27	28	

2 二月 (èr yuè) **February**

日	一	二	三	四	五	六
30	31					1
2	3	4	5	6	7	8
9	10	11	12	13	14	15
16	17	18	19	20	21	22
23	24	25	26	27	28	29

3 三月 (sān yuè) **March**

日	一	二	三	四	五	六
		1	2	3	4	5
6	7	8	9	10	11	12
13	14	15	16	17	18	19
20	21	22	23	24	25	26
27	28	29	30			

4 四月 (sì yuè) **April**

日	一	二	三	四	五	六
				1	2	3
4	5	6	7	8	9	10
11	12	13	14	15	16	17
18	19	20	21	22	23	24
25	26	27	28	29	30	31

5 五月 (wǔ yuè) **May**

日	一	二	三	四	五	六
1	2	3	4	5	6	7
8	9	10	11	12	13	14
15	16	17	18	19	20	21
22	23	24	25	26	27	28
29	30					

6 六月 (liù yuè) **June**

日	一	二	三	四	五	六
		1	2	3	4	5
6	7	8	9	10	11	12
13	14	15	16	17	18	19
20	21	22	23	24	25	26
27	28	29	30	31		

7 七月 (qī yuè) **July**

日	一	二	三	四	五	六
31					1	2
3	4	5	6	7	8	9
10	11	12	13	14	15	16
17	18	19	20	21	22	23
24	25	26	27	28	29	30

8 八月 (bā yuè) **August**

日	一	二	三	四	五	六
	1	2	3	4	5	6
7	8	9	10	11	12	13
14	15	16	17	18	19	20
21	22	23	24	25	26	27
28	29	30				

9 九月 (jiǔ yuè) **September**

日	一	二	三	四	五	六
			1	2	3	4
5	6	7	8	9	10	11
12	13	14	15	16	17	18
19	20	21	22	23	24	25
26	27	28	29	30	31	

10 十月 (shí yuè) **October**

日	一	二	三	四	五	六
30						1
2	3	4	5	6	7	8
9	10	11	12	13	14	15
16	17	18	19	20	21	22
23	24	25	26	27	28	29

11 十一月 (shí yī yuè) **November**

日	一	二	三	四	五	六
	1	2	3	4	5	6
7	8	9	10	11	12	13
14	15	16	17	18	19	20
21	22	23	24	25	26	27
28	29	30	31			

12 十二月 (shí èr yuè) **December**

13 月历 (yuè lì)
monthly calender

14 日历 (rì lì)
daily calender

15 早上 (zǎo shang)
morning

16 下午 (xià wǔ)
afternoon

17 傍晚 (bàng wǎn)
evening

18 白天 (bái tiān)
day

19 晚上 (wǎn shang)
night

---

20 今天 (jīn tiān)
today

21 明天 (míng tiān)
tomorrow

---

22 前天 (qián tiān)
the day before yesterday

23 昨天 (zuó tiān)
yesterday

气 象 Meteorology
(qì xiàng)

1 天文台 (tiān wén tái)
astronomical observatory

2 暴风雨 (bào fēng yǔ)
thunderstorm

3 雪 (xuě)
snow

4 旱灾 (hàn zāi)
drought

5 虹 (cǎi hóng)
rainbow

6 星星 (xīng xing)
star

7 太阳 (tài yáng)
sun

8 云朵 (yún dǔo)
cloud

9 月亮 (yuè liang)
moon

10 雨天 (yǔ tiān)
rainy day

11 龙卷风
(lóng juǎn fēng)
tornado

12 避雷针
(bì léi zhēn)
lightning rod

13 晴天 (qíng tiān)
sunny day

14 阴天 (yīn tiān)
cloudy day

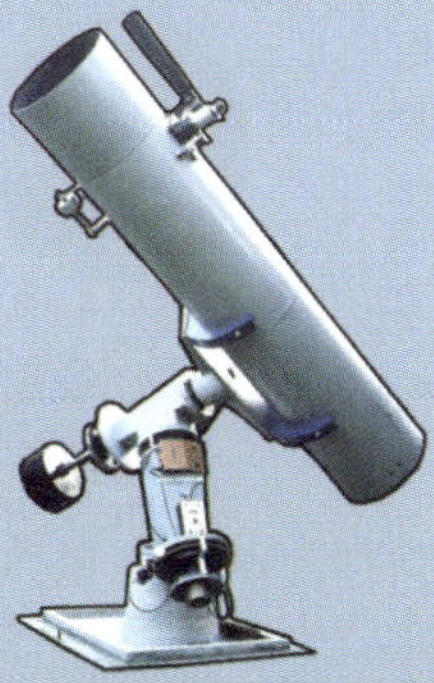

16 望远镜
(wàng yuǎn jìng)
telescope

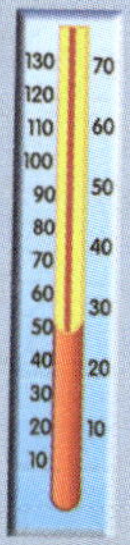

15 温度计
(wēn dù jì)
thermometer

17 水灾 (shuǐ zāi)
flood

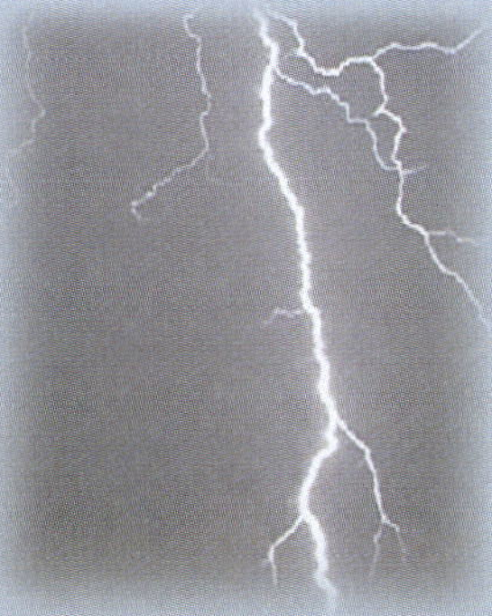

18 闪电 (shǎn diàn)
lightning

宇宙 Universe
(yǔ zhòu)

2 银河系
(yín hé xì)
the Milky Way

3 星团
(xīng tuán)
star clusters

4 星云
(xīng yún)
nebula

5 太阳
(tài yáng)
Sun

6 水星
(shuǐ xīng)
Mercury

7 金星
(jīn xīng)
Venus

8 地球
(dì qiú)
Earth

9 火星
(huǒ xīng)
Mars

1 太阳系
(tài yáng xì)
Solar system

10 木星
(mù xīng)
Jupiter

11 土星
(tǔ xīng)
Saturn

12 天王星
(tiān wáng xīng)
Uranus

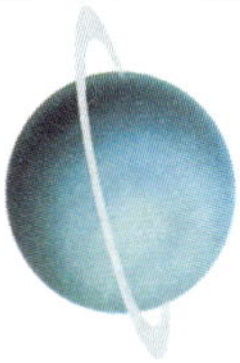

13 海王星
(hǎi wáng xīng)
Neptune

14 冥王星
(míng wáng xīng)
Pluto

15 小行星
(xiǎo xíng xīng)
asteroids

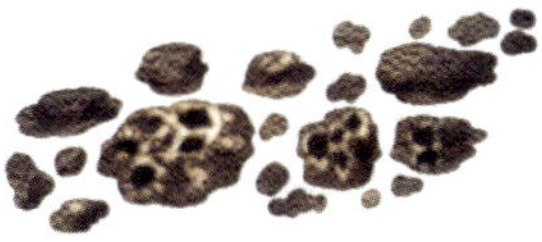

16 卫星
(wèi xīng)
satellite

17 光环
(guāng huán)
the ring of Saturn

18 陨石
(yǔn shí)
aerolite

19 流星
(liú xīng)
meteor

量词 Classifier

(liàng cí)

1 一个人
(yī gè rén)
a man

2 一只猫
(yī zhī māo)
a cat

3 一辆巴士
(yī liàng bā shì)
a bus

4 一颗花生
(yī kē huā shēng)
a peanut

5 一棵树
(yī kē shù)
a tree

6 一片叶子
(yī piàn yè zi)
a leaf

7 一间房子
(yī jiān fáng zi)
a house

8 一座山
(yī zuò shān)
a mountain

9 一匹马
(yī pǐ mǎ)
a horse

10 一本书
(yī běn shū)
a book

11 一串香蕉
(yī chuàn xiāng jiāo)
a bunch of bananas

12 一把伞
(yī bǎ sǎn)
an umbrella

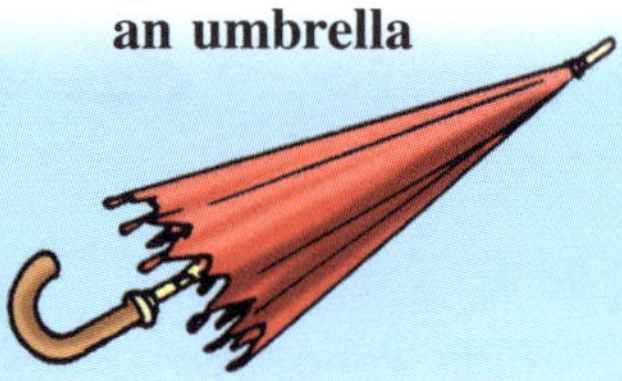

13 一支笔
(yī zhī bǐ)
a pen

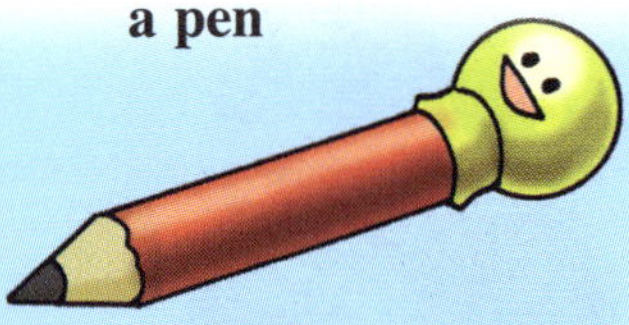

14 一朵花
(yī duǒ huā)
a flower

15 一块蛋糕
(yī kuài dàn gāo)
a slice of cake

16 一张桌子
(yī zhāng zhuō zi)
a table

17 一篮花
(yī lán huā)
a basket of flowers

18 一条领带
(yī tiáo lǐng dài)
a tie

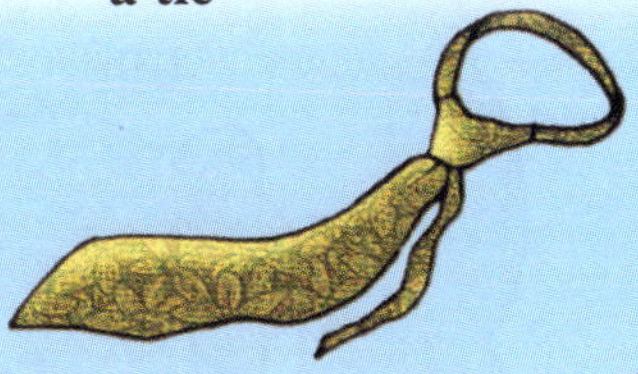

19 一卷录音带
(yī juǎn lù yīn dài)
a cassette tape

20 一首歌
(yī shǒu gē)
a song

21 一份报纸
(yī fèn bào zhǐ)
a set of newspapers

22 一场比赛
(yī cháng bǐ sài)
a match

23 一部电影
(yī bù diàn yǐng)
a movie

24 一面旗子
(yī miàn qí zi)
a flag

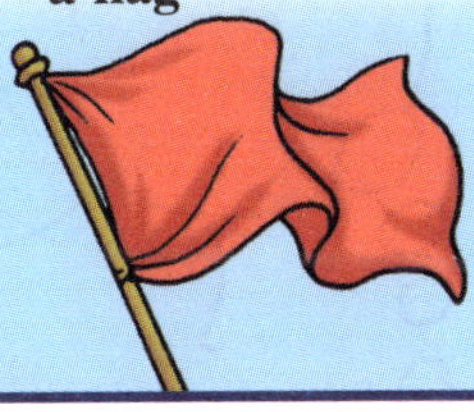

25 一包糖果
(yī bāo táng guǒ)
a packet of candies

26 一杯茶
(yī bēi chá)
a cup of tea

27 一件衣服
(yī jiàn yī fu)
a shirt

28 一对翅膀
(yī duì chì bǎng)
a pair of wings

29 一双手
(yī shuāng shǒu)
a pair of hands

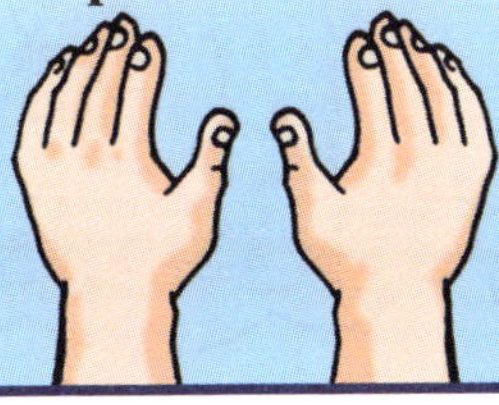

30 一扇门
(yī shàn mén)
a door

比一比 Let's compare
(bǐ yi bǐ)

15 胖 (pàng)
fat
16 瘦 (shòu)
thin
17 直 (zhí)
straight
18 弯 (wān)
curved
19 硬 (yìng)
hard
20 软 (ruǎn)
soft
21 厚 (hòu)
thick
22 薄 (báo)
thin
23 笑 (xiào)
laugh
24 哭 (kū)
cry
25 干 (gān)
dry
26 (shī)
wet
27 快 (kuài)
fast
28 慢 (màn)
slow
29 暗 (àn)
dark
30 亮 (liàng)
bright

你在哪里 Where are you?
(nǐ zài nǎ li)

8 指南针
(zhǐ nán zhēn)
compass
9 北边
(běi biān)
north
N
W
E
S
10 西边
(xī biān)
west
11 东边
(dōng biān)
east
12 南边
(nán biān)
south
13 前面
(qián miàn)
in front of
14 后面
(hòu miàn)
at the back of

索引 Index

【A】

【B】

【C】

【T】

拼音歌

Yǒu a jiù biāo a,
有 a 就 标 a,

Méi a zhǎo o、e,
没 a 找 o、e,

i、u bìng liè biāo zài hòu,
i、u 并列 标 在 后,

Dān gè yùnmǔ bú yòng shuō.
单个 韵母 不用 说。

汉字偏旁部首

本表收录的汉字偏旁，大多是现在不能单独成字的。能单独成字、易于称呼的，如山、日、月、石、鸟、虫等，不收录。

偏旁	名称	例字
冫	两点水	次、冷、准
冖	秃宝盖	写、军、冠
讠	言字旁	语、计、识
匚	三框栏／三框儿	区、匠
刂	立刀旁	列、别、剑
冂	同字框	网、周
亻	单人旁	位、你
勹	包字头	匀、勾、句
廴	建之旁	延、建
卩	单耳旁儿／单耳刀儿	卫、印、却
阝	左耳旁 右耳旁	防、阻、院 那、郊
氵	三点水	江、活
丬(爿)	将字旁	壮、状、将
忄	竖心旁	怀、快、性

偏旁	名称	例字
宀	宝盖	定、家
广	广字旁	庄、店、席
辶	走之旁	过、还、送
土	提土旁	地、场、城
艹	草字头	花、英
廾	开字底	开、异
尤	尤字旁	龙
扌	提手旁	担、摘
囗	方框	因、国、图
彳	双人旁	行、徒
彡	三撇	形、参、须
夂	折文	冬、处、夏
犭	反犬旁	独、狗
饣	食字旁	饮、饲、饰
子	子字旁	孔、孙、孩
纟	绞丝旁	红、约
灬	四点	点、热
火	火字旁	灯、灿、烛

偏旁	名称	例字
礻	示字旁	礼、祖
王	王字旁	玩、班
木	木字旁	树、栋
牛	牛字旁	物
攵	反文旁	收、政、教
疒	病字旁	疼、痕
衤	衣字旁	初、袖、被
𡗗	春字头	奉、奏
罒	四字头	罗、罢、罪
皿	皿字底	益、盆
钅	金字旁	钢、铃
禾	禾木旁	和、秋、种
癶	登字头	登、凳
龹	卷字头	拳
米	米字旁	粉、料
虍	虎字头	虚
⺮	竹字头	笑、笔、篮
𧾷	足字旁	跳、距

笔画名称

笔画	名称	例字
㇔	点	文
㇐	横	三
㇑	竖	中
㇒	撇	人
㇏	捺	入
㇀	提	打
㇚	竖钩	小

笔画	名称	例字
㇁	弯钩	了
㇂	斜钩	代
㇃	卧钩	心
㇄	竖弯	四
㇟	竖弯钩	儿
㇙	竖提	衣
㇖	横钩	军

笔画	名称	例字
㇕	横折	口
㇆	横折钩	习
㇇	横撇	又
㇜	撇折	么
㇛	撇点	女
㇈	横折弯钩	九
㇄	竖折	山

笔画	名称	例字
㇉	竖折折钩	马
㇊	横折提	讲
㇋	横折折撇	及
㇌	横撇弯钩	队
㇡	横折折折钩	奶
㇍	横折弯	沿
ㄣ	竖折撇	专